La capitulation de Verdun.

Mon cher ami,

Vous avez dû être bien surpris l'autre jour, comme tous ceux qui connaissent le général Guérin de Waldersbach, en lisant l'avis motivé du conseil d'enquête sur la capitulation de Verdun.

Sans doute. Ce conseil a rendu justice au courage, à l'habileté et à l'énergie de notre commandant supérieur, sans doute il a trouvé les sorties de la garnison fréquentes, vigoureuses, hardies, sans doute il a reconnu que le général
« a souvent fait enclouer les pièces ennemies,
« détruit les affûts, bouleversé les batteries, enlevé
« les convois, qu'il a été très bien secondé par les
« troupes et les officiers placés sous ses ordres et
« par l'artillerie dont le feu a toujours été très
« vivement et habilement dirigé. »

Mais, in caudâ venenum, il conclut en déclarant que si le général mérite des éloges pour la première partie de sa défense, il est blâmable d'avoir entamé et conclu avec l'ennemi des négociations qui ont amené la capitulation de la place sans qu'elle se trouvât dans le

Cas prévu par l'article 254 du décret du 13 octobre 1863, vous savez, le fameux article 254 renouvelé du réglement de 1811, (j'allais dire, renouvelé des grecs,) "la brèche praticable et les trois assauts au corps de place."

Ces appréciations du conseil d'enquête, quelque sévères et injustes qu'elles puissent paraître, il ne m'appartient pas de les juger et je ⬛ croirais souverainement inconvenant de m'en permettre la critique, mais ce que je crois devoir faire, avec l'autorisation du Général Guérin et au nom de mes anciens camarades encore militaires. Que les réglements condamnent au silence ce que je viens vous demander d'accueillir, c'est une rectification de certains faits étrangement dénaturés dans les considérants de l'avis dont il s'agit.

Et d'abord, quand le conseil d'enquête reconnaît dans le premier paragraphe que la défense a été très active du 24 août au 15 octobre et affirme par là implicitement qu'à partir de cette dernière date elle serait devenue purement passive, il commet une première inexactitude. En effet si cette période de la défense mérite les éloges qu'on veut bien lui accorder puisque c'est celle où se placent notamment ces terribles combats d'artillerie des 24 août, 26 septembre, 13, 14 et 15 octobre,

dans lesquels le dernier mot resta toujours à
l'artillerie de la place si énergiquement commandée
par M. le chef d'escadrons Commaux et M.
le capitaine Bergère, la seconde période, celle
qui commence au 15 octobre, mérita bien aussi
quelques mots bienveillants: il suffit, je pense,
de rappeler que c'est précisément alors qu'eurent
lieu deux des sorties les plus vigoureuses de
la garnison aidée de la garde nationale, celles
des nuits du 19 au 20 et du 27 au 28 octobre
dans lesquelles les assiégés ont bouleversé
complètement les principales batteries de
l'ennemi, lui ont encloué 38 pièces de canon,
détruit autant d'affûts et fait bon nombre
de prisonniers, (dont un officier.)

Ensuite quand, dans un paragraphe suivant,
le conseil reproche au commandant supérieur
" d'être entré en négociations avec l'ennemi pour
" permettre aux habitants de la Rive droite
" de la Meuse de faire leurs vendanges et
" d'avoir ainsi facilité les rapports des espions
" et la reconnaissance des points sur lesquels
" les Prussiens pouvaient établir des batteries
" ou des tranchées,, il parle, je pense, sans
avoir jeté les yeux sur les plans produits
à l'appui des rapports, S'il eût pris cette
simple précaution, il se fût aperçu

facilement que les vignes à vendanger, situées à environ trois kilomètres et demi de la place, étaient précisément occupées par les Prussiens, de sorte que ceux-ci n'avaient nul besoin de ces négociations et de l'espèce de suspension d'armes à laquelle elles ont abouti pour reconnaître des lieux qu'ils occupaient déjà depuis longtemps. Si cela pouvait servir à quelqu'un, c'était bien plutôt à nous puisque cela permettait aux vendangeurs sortis de la place de pénétrer librement dans les positions ennemies.

Enfin, le conseil reproche au général Guérin d'avoir "provoqué avec l'ennemi "une négociation qui devait entraîner la "chute de la place alors qu'aucun travail "de siège n'avait été commencé," et il décide souverainement que les considérations présentées par le général pour justifier ces communications n'ont aucune valeur.

Ces considérations, qu'on traite si cavalièrement, peut être eût-il été équitable d'en reproduire quelques unes afin de permettre à l'opinion publique qui est en définitive le seul juge d'appel en pareille matière de les apprécier, elle aussi, en parfaite

connaissance de cause. Mais non, le conseil
n'en a pas jugé ainsi : les considérations n'ont
aucune valeur, donc elles ne valent pas la peine
qu'on les reproduise. Dieu me garde de
critiquer les décisions souveraines d'un conseil
souverain, mais qu'on me permette au moins
d'indiquer brièvement ce que je sais des raisons
qui peuvent avoir décidé à entrer en pourparlers
avec l'ennemi dans les premiers jours de
Novembre, un général qui quelques heures auparavant
le 28 octobre, se défendait encore si énergiquement
et paraissait si peu songer à se rendre ; rien
en effet, dans la sortie du 28 octobre ne faisait
présager une capitulation si prochaine. Que
s'était il donc passé pendant ces quelques
heures. Ah! vous le savez aussi bien que
moi, car c'est un souvenir encore bien
douloureux à tous nos cœurs. Quel Français
pourra jamais oublier ce désastre sans exemple
dans nos annales militaires! Une armée de
170 mille hommes venait de capituler à
12 lieues de nos murs et nous venions
d'en apprendre l'incroyable nouvelle. Vous
savez quel fut en France le retentissement de
cet évènement, figurez vous l'effet qu'il

allait produire sur quelques milliers d'hommes
enfermés et bloqués dans une ville d'où l'on
entendait le canon de Metz, alors qu'à Met...
on tirait encore le canon. Ce fut vérifian...
Notre vœu de tous les instants, notre seule
Espérance était de voir arriver l'armée du
Rhin : dans la pensée que notre place
serait la première étape de son retour en
France, de sa marche sur Paris, tous,
habitants et soldats, nous étions décidés à
nous défendre jusqu'à la mort, à nous
ensevelir sous les ruines de la ville plutôt
que de la rendre à l'ennemi. Et voilà
que nous apprenions, à n'en plus douter
hélas! que cette armée du Rhin, la plus
belle armée que la France ait eue depuis
bien longtemps, prenait en prisonnière le
chemin de la Prusse.

Tant que le général avait eu la pensée
qu'il pourrait être utile, l'espoir que le
Maréchal Bazaine sortirait de Metz,
il n'avait pas hésité à demander à l'arm...
et à la population des dévouements et des
sacrifices qu'on ne lui avait pas marchand...
Qu'on lui avait donnés, il faut le dire bien
haut à la louange des habitants, avec une

patriotique abnégation ; mais maintenant que Metz était tombé, pouvait il bien vouer tous ces braves gens à une ruine certaine, au nom de je ne sais quel règlement, pour retarder de quelques heures un dénouement fatal et nécessaire. Quelques heures encore, et, de l'avis de tous, c'en était fait de nous, la ville alors n'eût plus été qu'un monceau de cendres. Ajoutez à cela, au point de vue matériel, que la capitulation de Metz rendant libre une masse énorme de forces prussiennes, avait permis aux assiégeants de doubler les troupes d'investissement et de porter à 140 pièces de siège et 60 pièces de campagne environ approvisionnées à 1000 coups par pièce, le nombre des canons braqués sur la place.

Telles sont, entr'autres, quelques unes des considérations par lesquelles les officiers supérieurs de la garnison réunis en conseil de défense, et parmi eux, m. le lieut. colonel du génie Boulanger et m le chef d'escadrons d'artillerie Commaux, d'une rare énergie et d'une bravoure éprouvée, ont décidé à l'unanimité qu'il était indispens d'accepter la capitulation proposée. Mais qu'importe tout cela au président du conseil d'enquête puisque l'article 254 est resté inflexible et immuable malgré la transformation complète de l'artillerie.

Mais le conseil n'a pas fini de blâmer et c'est ici que cela tourne au comique: on reproche presque au général Guérin d'avoir obtenu la plus belle et la plus honorable de toutes les capitulations, aux termes de laquelle (articles 1 et 3) la forteresse et la ville de Verdun, avec tout le matériel de guerre, et généralement tout ce qui était propriété de l'État n'était remis aux Prussiens qu'à titre de dépôt, à la condition expresse d'être rendus à la France à la conclusion de la paix.

Sans doute, on reconnait qu'en ce faisant le commandant supérieur a manifesté de bons sentiments, (comme c'est heureux!) mais on décide qu'il n'appartient pas à un commandant de place de "prévoir les conséquences "d'une guerre et les conditions d'un traité "de paix qui peuvent annuler les clauses "stipulées dans une capitulation." Oh! mon cher c'est certain, ce traité de paix pouvait annuler les clauses de la capitulation d

Verdun, mais n'était ce pas déjà un très grand
avantage pour les négociateurs de pouvoir invoquer
de telles conventions et s'appuyer sur un état
de fait, auquel il faudrait déroger pour repousser
les prétentions que les Allemands auraient pu
élever quant à la cession de Verdun, lors de la
signature de la paix; et d'ailleurs, en admettant
que les conventions de la capitulation eussent
été modifiées par le traité de paix, n'était-ce
pas déjà un résultat considérable que d'avoir
immobilisé à Verdun jusqu'à la fin de la campagne
un matériel de guerre assez important dont
l'ennemi aurait pu tirer grand parti pour le
siège de nos autres places de l'Est. Du point
de vue moral, n'y avait-il pas une grande
consolation pour les défenseurs de Verdun dans
cette certitude que leurs pièces ne serviraient
pas à tirer sur leurs frères d'armes de
Montmédy, Mézières ou Longwy comme les
pièces de Toul et de Marsal avaient servi
à tirer sur nous, et croyez-vous qu'une telle
chose n'eût pas été d'un bien excellent effet
dans la capitulation de Metz, par exemple,
Veuillez agréer, etc,

Henry Dittte

Paris — mai 1877

www.ingramcontent.com/pod-product-compliance
Lightning Source LLC
LaVergne TN
LVHW020110070726

842525LV00018B/2669